AF224234

FRAGMENT D'UNE ÉTUDE HISTORIQUE

SUR

LES COMTESSES DE BLOIS,

PAR M. A. DUPRÉ,

BIBLIOTHÉCAIRE DE LA VILLE DE BLOIS.

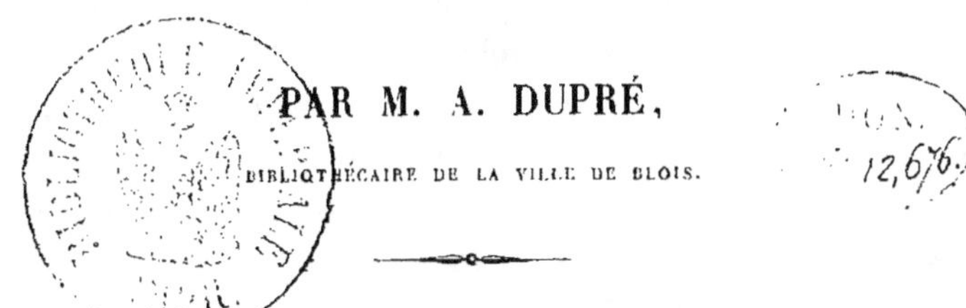

Le rôle modeste des femmes de nos comtes dans le drame tumultueux de la féodalité présente un doux contraste avec la fière attitude et l'existence toujours agitée de leurs maris belliqueux. L'auréole de vertu paisible qui entoure ces aimables noms repose l'esprit, fatigué d'une suite trop continue d'intrigues, de troubles et de guerres.

Dans cette galerie de portraits historiques, je choisirai, comme spécimen de mon travail, une figure des plus intéressantes, une individualité hors ligne et vraiment remarquable.

Adèle, fille de Guillaume le Conquérant, roi d'Angleterre, devint comtesse de Blois et de Chartres, en épousant Étienne de Champagne, fils de Thibault III, par l'entremise de Geoffroi, sire de Chaumont-sur-Loire, l'un des seigneurs blésois qui accompagnèrent le duc de Normandie dans son expédition d'outre-Manche et qui prirent part à sa glorieuse conquête[1]. Étienne, nous dit Orderic Vital, avait demandé cette princesse en mariage, pour mieux s'assurer l'amitié du roi Guillaume; mais celui-ci n'accorda sa fille qu'après avoir consulté des hommes d'expérience. Les fiançailles eurent lieu à Breteuil en Normandie; les noces furent

---

[1] «Goffridus de Calvimonte, cum rege Guillelmo loquens, ut filiam suam Stephano, Blesensi comiti, daret uxorem, impetravit.» (*Liber de castro Ambasiæ*, dans le *Spicilége* de d'Achery, édition in-4e. t. III, p. 277.)

célébrées à Chartres, en 1084, avec une grande allégresse [1]. Cette alliance fut l'origine des prétentions de la maison de Blois-Champagne à la couronne d'Angleterre.

Nous emprunterons aux Annales bénédictines de Mabillon [2] un témoignage non équivoque des croyances chrétiennes de notre comtesse anglo-normande. « En 1095, Adèle, affligée d'une fièvre tenace, que l'art des médecins ne pouvait guérir, se fit porter au monastère de Rebais, en Brie. Après deux nuits passées en prières devant la châsse de saint Agil, abbé de ce lieu, elle recouvra, dit-on, la santé. Par reconnaissance, elle offrit à l'église abbatiale un voile précieux, qui fut conservé depuis et que l'on mettait habituellement derrière le bois de la *vraie croix*, les jours de fêtes. » La même année, Adèle assista, dans le monastère de Hautvilliers, en Champagne, à la vérification solennelle des reliques de sainte Hélène, mère de Constantin [3].

En 1097, au retour de l'Île-de-France, elle tenait à Blois un plaid seigneurial, où fut jugée une contestation entre Geoffroi, sire de Chaumont, et les bénédictins de Marmoutier-lez-Tours. Le cartulaire de leur prieuré de Mesland (en Blésois) nous fournit ce renseignement positif et cette date précise [4].

Adèle souscrivit, avec Étienne, à un acte de désintéressement et d'humanité, dont le souvenir se perpétua, au moyen d'inscriptions publiques; car notre vieil historien écrivait en 1682 : « On voit encore à présent, sur les portes Côté, Guichard et du Pont, une inscription qui prouve la bonté d'Étienne et de son épouse Adèle pour leurs sujets de Blois. Comme elle était presque toute effacée sur ces deux dernières portes, du temps du roi Henri III, parce qu'il y avait cinq cents ans qu'elle y était sculptée, elle fut renouvelée et peinte, en ce temps-là, sur la première. Elle contient la remise

---

[1] « Consulto prudentum, a patre illi concessa est, et *cum magno satis tripudio* illi sociata est. » (Orderic Vital, l. V, collection des *Historiens de France*, t. XII, p. 605.)

[2] *Annales bénédictines*, t. V, p. 349.

[3] *Ibidem.*

[4] « Accidit, eodem anno, Adelam comitissam, Stephani comitis uxorem, de *Francia* rediisse et apud Blesim esse, » etc. (Charte 5ᵉ dudit recueil; manuscrit des archives départementales de Loir-et-Cher.)

qu'Etienne et Adèle font aux habitants de certaines corvées appe-
lées *butage,* parce qu'elles se faisaient avec des hottes, qu'on ap-
pelle encore à présent *butets,* au pays blésois [1]. » Après Bernier, son
abréviateur constatait, en 1785, que la même inscription se lisait
toujours à la porte Côté, dont une de nos rues garde le nom com-
mémoratif [2]. La révolution de 93 détruisit ce dernier indice d'une
concession bienfaisante, qui avait popularisé dans nos murs la
mémoire des auteurs du privilége.

Étienne fut un des chefs de la première croisade. Du camp
de Nicée (1097), il écrivit ou fit écrire à sa femme, qui était de-
meurée à Blois avec ses enfants [3]. Ce message, outre son intérêt his-
torique, démontre les aptitudes sérieuses d'une compagne éclairée,
que le seigneur croisé informait exactement du détail stratégique
et des différents épisodes de la guerre sainte. Adèle, en effet, n'était
pas une intelligence ordinaire. L'absence de son mari lui offrait l'occasion de déployer l'énergie d'un caractère viril et sa haute capa-
cité, soit dans le gouvernement politique, soit dans l'administration
de vastes domaines. De graves et pieux personnages de l'époque
se plurent à reconnaître son mérite élevé. L'un deux, Hildebert,
évêque du Mans, la félicite particulièrement de sa modération
dans l'exercice d'un pouvoir presque absolu [4]. A ce propos, il lui
rappelle certaines maximes, empruntées au livre de Sénèque *De
clementia;* il vante ce traité de morale, comme l'œuvre de la sagesse
même, *qui semble,* dit-il, *avoir parlé par la bouche d'un philosophe
païen.* Cela seul prouverait l'instruction solide d'une femme ca-
pable de comprendre et de goûter le texte latin, dont Hildebert
lui conseillait la méditation et surtout la mise en pratique; d'ail-
leurs, elle connaissait déjà parfaitement ce livre de haute morale,
et n'avait plus qu'à s'en souvenir [5].

Le mari d'Adèle, bien différent des autres seigneurs, qui faisaient

---

[1] Bernier, *Histoire de Blois,* p. 293.

[2] Fournier, *Essais historiques sur Blois,* p. 76.

[3] Cette lettre a été imprimée dans les *Preuves* de Bernier, p. 24.

[4] « Comitissam reprimis, dum servas in potestate clementiam. » (Lettre troisième
du livre premier, dans les *OEuvres d'Hildebert,* édition Bongendre.)

[5] « Recordare quæ dudum didicisti *ex te et pro te.* » (Même lettre.)

profession d'ignorance, aimait également l'étude et cultivait les lettres classiques ; les contemporains vantaient ses vers, et le même évêque du Mans lui écrivait, un jour, avec plus d'emphase que de vérité : « A la guerre vous êtes un autre César; dans la poésie, un autre Virgile [1]. »

Étienne se trouva, en 1098, au siége d'Antioche, qui suivit de près celui de Nicée, mais qui retint plus longtemps l'armée chrétienne. Il annonçait encore à sa femme les lenteurs, les difficultés et les périls d'une pénible entreprise. Dans cette seconde missive [2], le bon père et le seigneur humain n'oublia ni ses enfants, ni ses sujets, qu'il engageait la mère et la régente à traiter convenablement [3]. Impatient de revoir sa famille et son peuple, il quitta le camp des croisés et revint en France, trop tôt peut-être pour sa gloire; car plusieurs écrivains l'ont accusé de désertion [4]. Sa femme elle-même lui reprochait sa retraite précipitée, en l'exhortant à reprendre le chemin de la Palestine : après bien des hésitations et des atermoiements, il partit de Blois, accompagné de princes et de seigneurs, dont les chrétiens d'Orient réclamaient l'assistance. L'impitoyable Guillaume de Tyr déclare qu'il ne pouvait moins faire pour venger son honneur compromis [5]. Orderic Vital affirme qu'Adèle ranima son courage défaillant, et sut mêler adroitement la persuasion des tendresses conjugales à la sévérité de remontrances héroïques; il va même jusqu'à reproduire le texte d'un de ses discours les plus entraînants [6]. La digne fille de Guillaume le Conqué-

---

[1] *Art de vérifier les dates* (par les bénédictins), édition in-f°, t. II, col. 416.

[2] *Spicilége* de d'Achery, t. III, p. 430.

[3] « Mando tibi ut bene agas, et natos tuos et homines tuos honeste, ut decet te, tractes, quia, quam citius potero, certe me videbis. »

[4] Michaud, *Histoire des croisades*, t. I, p. 330 et 489.

[5] « Hic, priorem quærens defectum redimere et abolere meritam prius infamiam, ad iter se præparat. » (*Historiens des croisades*, publication de l'Institut, t. I, p. 416.)

[6] « Adela, uxor ejus, frequenter eum commonebat, et, inter amicabilis conjugis blandimenta, dicebat : « Absit a te, domine mi, ut tantorum dicaris dignus ho- « minum opprobria perpeti ! Strenuitatem juventutis tuæ recole, et arma laudabilis « militiæ arripe, ut inde Christianis ingens in toto orbe oriatur exultatio ethnicis- « que formido. » Hæc et multa his similia *mulier sagax et animosa* viro suo protulit. » (Orderic Vital, *Historiens de France*, publiés par les bénédictins, t. XII, p. 684.)

rant, nature fortement trempée, justifiait le sang généreux qui coulait dans ses veines... L'infortuné comte Étienne périt à la bataille de Rama, le 18 juillet 1102. Cette mort glorieuse racheta les moments de faiblesse que certaines plumes hostiles ou vénales ont pu exagérer à dessein [1].

Adèle gouverna les comtés de Blois et de Chartres, pendant la minorité de son fils Thibault IV [2]. Ses sentiments de piété se manifestèrent, plus que jamais, par les dons et les priviléges qu'elle octroya aux églises et aux monastères, entre autres à Marmoutier-lez-'Tours [3], à Notre-Dame de Chartres, à Saint-Laumer et à Bourg-moyen de Blois [4]. La charité lui inspirait en même temps plusieurs dispositions bienveillantes : par exemple, elle imposa aux religieux de Saint-Laumer, en retour de ses bienfaits, l'obligation de nourrir, pendant sa vie, un pauvre pour le salut de son âme [5]. Les bénédictins de Pont-Levoy, qu'elle n'avait pas oubliés de son vivant, célébraient son anniversaire, marqué dans leur nécrologe du xiie siècle [6].

La plus ancienne charte de Bourgmoyen, abbaye de chanoines réguliers, réformée par saint Yves, évêque de Chartres, émane de son autorité diocésaine; mais, en réalité, elle fut accordée aux pieuses requêtes de la comtesse Adèle, suivant les termes du préambule [7]. La même bienfaitrice fonda le prieuré de Montrion-lez-Blois, dans la forêt de Russy, paroisse de Cellettes [8] : ses rela-

---

[1] L'auteur trop vanté de la *Chanson d'Antioche* est un des écrivains à gages dont il faut se défier; les faits de lâcheté honteuse qu'il impute à notre comte méritent peu de crédit; c'est le langage d'un pamphlétaire soudoyé, et non celui d'un historien consciencieux.

[2] Bernier, *Histoire de Blois*, p. 294.

[3] Mabillon, *Annales bénédictines*, t. V, p. 438.

[4] Bernier, *Preuves*, p. 5 et 8.

[5] «Monachi vero, reciprocato beneficio, promiserunt sese pauperem unum in eleemosyna sua quotidie refecturos, pro salute mea.» (Charte de 1115, dans les *Preuves* de Bernier, p. 6.)

[6] Beau manuscrit de la bibliothèque de Blois.

[7] «Adela comitissa, divini amoris igne succensa, augmentandæ religionis desiderio inflammata, humilitatem nostram humiliter adiit, petens,» etc. (Charte du 24 juin 1105, dans les *Preuves* de Bernier, p. 8.)

[8] Bernier, p. 294 du texte.

tions de spiritualité avec le bienheureux Bernard, premier abbé de Tiron, nous expliquent cet acte de religion [1]. Sa sollicitude pour le bien de l'Église lui fit entreprendre de rétablir la discipline monastique dans plusieurs maisons religieuses, où le relâchement s'était déjà introduit; le prieuré de Saint-Martin-au-Val, à Chartres, fut de ce nombre [2]. Saint Yves approuva son zèle et promit de l'aider [3]. Le docte et pieux pontife ne se montra pas toujours également satisfait de la princesse, ou plutôt de ses officiers, qui parfois empiétaient sur la juridiction ecclésiastique [4]. Dans une de ses épîtres, il reproche vivement à la dame de Chartres de ne pas empêcher le mal qui se commettait sous son nom; il la met en demeure de le réparer, et menace les coupables des rigueurs canoniques, si la chose s'aggrave [5].

Un correspondant moins sévère, Baudry, abbé de Bourgueil, bel esprit du temps, composa pour Adèle deux pièces de vers, remplies de curieuses hyperboles [6]. La première, qui est émaillée de réminiscences mythologiques, élève sa beauté, *à peine entrevue* par le poëte, au-dessus des charmes olympiens de Diane, sœur d'Apollon :

> ... Vix ipsam vidi; sed, sicut ipse recordor,
> Dianæ species anteferenda sua est.

Cela était bien profane et bien galant pour un abbé du moyen âge !

Dans la seconde pièce, Baudry, revenant aux choses saintes, sollicite, pour son église de Bourgueil, une chape, dont il se plaît à décrire d'avance la splendeur désirée; on ne saurait mieux demander l'aumône : « Nous aurons, dit-il, une chape étincelante de pierreries, dont l'officiant s'honorera de couvrir sa poitrine; une chape dont le seul aspect annoncera qu'elle provient de votre géné-

---

[1] Bollandistes, *Acta sanctorum*, t. II d'avril, p. 241. — Mabillon, *Annales bénédictines*, t. V, p. 422.

[2] *Parthénie* de Sébastien Rouilliard, 2ᵉ partie, fol. 171.

[3] Mabillon, *Annales bénédictines*, t. V, p. 312. — *Diplomatique* du même, p. 369.

[4] *Œuvres d'Yves de Chartres*, édition de 1647, in-fº, lettres 5, 91, 101, etc.

[5] « Si res in pejus, quod absit, se verterit, pro officio nostro a vestris ministris districte exigemus. » (Fin de la lettre 101.)

[6] Duchesne, *Francorum scriptores*, t. IV, p. 272 et 273.

rosité, et qui méritera véritablement d'être appelée *la chape de la comtesse*..... Je demande beaucoup; mais vous donnerez plus encore. »

> Cappam quæ gemmis ambitum pectus honestet,
> Cappam quæ pretium comitissæ præferat instar,
> Quam merito valeam *comitissæ* dicere *cappam*.
> Magna peto, si non majora rependere nosses.

Toujours portée à rendre service, Adèle écrivit, dans l'intérêt des religieux de Marmoutier, pour les accorder avec les chanoines réguliers de Saint-Calais de Blois (chapelle seigneuriale du château); il s'agissait d'une contestation sur la propriété des dîmes de Francheville[1].

Les célébrités ecclésiastiques de l'époque furent en rapport avec cette femme supérieure. Saint Anselme, archevêque de Cantorbéry, victime de son zèle à soutenir les libertés de l'Église, trouva, dans ses disgrâces, asile et secours auprès de la comtesse[2]. Au mois de juin 1105, Adèle était malade à Blois. Anselme, qui venait de Lyon, se détourna de son itinéraire pour lui apporter les consolations de la foi. Le même pontife la suivit à Chartres, lorsqu'elle fut entièrement guérie[3]. Après cette visite, elle réconcilia son frère Henri, roi d'Angleterre, avec le primat persécuté[4]. Le chroniqueur Eadmer, moine de Cantorbéry, compagnon d'exil de saint Anselme, entre dans quelques détails sur ce voyage, heureusement terminé[5]; par exemple, les pieux exilés eurent à s'applaudir de la réception qu'ils trouvèrent au château de Blois, auprès de la comtesse, déjà convalescente[6]. Saint Anselme garda bonne mémoire

---

[1] Mabillon, *Annales bénédictines*, t. V, p. 438.

[2] Dom Ceillier, *Bibliothèque des auteurs ecclésiastiques*, t. XXI, p. 279.

[3] Mabillon, *Annales bénédictines*, t. V, p. 474. (Cf. Fleury, *Histoire ecclésiastique*, t. LXV, n° 38.)

[4] Willelmus Malmesbur. *De gestis pontif. Angl.* (Cf. *Œuvres de saint Anselme*, édition de dom Gerbaron; lettre 73 du livre IV, p. 445.)

[5] Eadmeri *Historiæ novorum* lib. IV. p. 70 de l'appendice à l'édition précitée des *Œuvres de saint Anselme*.

[6] « Igitur, ubi ad illam venimus, eamque, langore sopito, ferme convaluisse invenimus, detenti ab ea in ipso castro, per aliquot dies, decentissime fuimus. » (*Ibidem.*)

d'un accueil plein de dévouement; sa gratitude s'épanche dans une lettre des plus affectueuses, adressée d'Angleterre à sa *très-chère dame et mère en Dieu*[1]. Cette suscription amicale est suivie d'un compliment trop recherché, quoique sincère : « Quand je veux rendre mes devoirs à votre altesse (*vestræ celsitudini*), je ne puis trouver des paroles assez fortes pour exprimer l'affection que mon cœur éprouve constamment pour vous devant Dieu, à moins, peut-être, que le meilleur moyen de traduire mes vrais sentiments à votre égard ne soit d'avouer que les expressions me manquent. »

Les goûts studieux de la comtesse Adèle lui valurent des *hommages d'auteurs*. C'est ainsi que le bénédictin Hugues de Sainte-Marie, moine de Saint-Benoît-sur-Loire (à Fleury, dans l'Orléanais), lui dédia une histoire ecclésiastique, composée à sa demande et pour lui être agréable[2].

De son côté, Baudry, abbé de Bourgueil, un de ses admirateurs, a loué en distiques, trop intéressés peut-être, les encouragements que cette patronne instruite accordait volontiers aux poëtes dans l'embarras : après avoir célébré les exploits de Guillaume le Conquérant, il déclare sa fille bien supérieure à lui, sous le rapport littéraire :

> Una tamen res est qua præsit filia patri;
>> Versibus applaudit scitque vacare libris;
> Hæc etiam novit sua merces esse poetis;
>> A probitate sua nemo redit vacuus.
> Rursus inest illi dictandi copia torrens,
>> Et præferre sapit carmina carminibus.

« Toutefois il est un point sur lequel la fille serait préférable au père : elle applaudit aux poëmes; elle connaît et apprécie les livres; elle récompense les poëtes, et sa générosité n'en laisse partir

---

[1] «Dominæ et matri in Deo carissimæ, Adæ, venerabili comitissæ, Anselmus, servus ecclesiæ Cantuariensis, quod melius, quod dulcius, quod affectuosius potest, secundum Deum!» (Lettre 91 du livre IV, p. 448.)

[2] «Codicem istum tibi merito, Adela, nobilis comitissa, dicavi, quam non mediocriter litteris eruditam esse non ambigo.» (Pertz, *Monumenta Germaniæ*, t. XI, p. 357; cf. p. 349.)

aucun les mains vides. Elle possède une facilité et une abondance naturelles pour exprimer ses pensées ; en outre, elle sait distinguer les bons vers des mauvais. »

Les bénédictins remarquent, sur ce passage significatif, que la princesse Adèle cultivait les lettres et avait la réputation d'une *femme savante*[1]. Ils employaient ce mot dans le sens honorable et sérieux, et non point dans l'acception railleuse, trop accréditée par le génie satirique de Molière. Les auteurs les plus graves, dom Mabillon[2], dom Ceillier[3], Ziegelbauer[4] et d'autres parlent avec une égale estime du savoir de notre studieuse comtesse.

Ce degré peu commun de culture intellectuelle, ce discernement délicat des choses de l'esprit, obtinrent aussi les sympathies et les louanges d'Hildebert, d'abord évêque du Mans, puis archevêque de Tours. Les compliments, bien mérités, d'une plume élégante et vénérable ne furent cependant pas toujours désintéressés ; on en jugera par deux traits caractéristiques.

Hildebert était né à Lavardin, dans le bas Vendômois ; les guerres avaient réduit cette province et celle du Maine à une extrême pénurie ; le pontife se ressentit de la misère générale. Ayant besoin d'une chasuble, comme l'abbé Baudry d'une chape, il recourut avec confiance à la princesse charitable qui gouvernait un pays voisin de son malheureux diocèse ; en formulant cette supplique, le spirituel solliciteur déclare que *la pauvreté ne rougit pas de demander ;* du reste, il pose nettement la question et rappelle sans détour une promesse, en quelque sorte obligatoire[5]. Une autre fois, invité au concile provincial et manquant de fonds, il prie la compatissante dame de subvenir aux frais de son voyage ; l'exagération du style épistolaire ne nuisit point au succès d'une requête appuyée de semblables éloges : « Tout élevée au-dessus de la femme, vous êtes un modèle et un témoignage public de vertu.

---

[1] *Histoire littéraire de la France*, t. X, p. 298.

[2] *Annales bénédictines*, t. V, p. 544.

[3] *Bibliothèque des auteurs ecclésiastiques*, t. XXII, p. 73.

[4] *Historia litteraria ordinis Sancti Benedicti*, t. III, p. 497.

[5] « Planeta indigeo ; cum mihi promisisti, sicut arbitror, non deseres promissum, quæ etiam non promissa festinas erogare. » (Epist. 2 lib. III.)

En vous survivent les restes du *bon siècle*[1]; par vous peut respirer encore la gloire de votre sexe[2]. » Le compliment, il faut l'avouer, était médiocrement flatteur pour les femmes en général.

Plus tard, le même prélat, homme de tact et d'à propos, envoyait à sa bienfaitrice un léger cadeau, rehaussé de vers agréables, qui coûtaient peu à sa muse facile; voici les deux premiers :

> Augusti soboles, serie sublimis avorum,
> Missa tibi placeant quantulacunque, precor[3].

Mère dévouée et veuve vraiment chrétienne, Adèle donna tous ses soins à l'éducation de ses enfants. Désireuse d'en consacrer un au Seigneur, elle le fit admettre et tonsurer au monastère de Cluny[4]. Ce jeune profès, nommé Henri de Blois, devint évêque de Winchester et légat du saint-siége en Angleterre, tandis que l'un de ses frères, Étienne de Blois, revendiquait, avec des chances diverses, la couronne anglo-saxonne, comme petit-fils de Guillaume le Conquérant[5].

Leur frère, Thibault IV, eut en partage les comtés de Blois et de Chartres. Le fameux Hugues, sire du Puiset, ravageait la Beauce; mais la zélée tutrice et son fils mineur implorèrent le secours du nouveau roi, Louis le Gros, leur suzerain (1108) : « Quand la comtesse et le comte Thibault virent qu'ils ne pourroient longtemps durer contre luy, si s'en allerent au roy, et luy commença la comtesse à prier et requerre moult humblement qu'il la voulsist secourre, et luy representa et mist devant les services qu'elle luy avoit autresfois faits, par quoy il estoit tenu de luy ayder[6]. » Suger

---

[1] On a toujours loué le temps passé, par esprit d'opposition au présent; c'est l'éternel refrain du *laudator temporis acti* d'Horace.

[2] « Tota supra feminam es, exemplum virtutis et instrumentum; vivunt in te boni sæculi reliquiæ, per quam et sexus respiret. » (Epist. 8 lib. III.)

[3] *Opera Hildeberti*, col. 1365.

[4] « Quem mater, ne sæculo tantum genuisse liberos videretur, apud Cluniacum tonsavit. » (Henricus Neubrig. *Rer. Anglic.* cité par Bernier, *Histoire de Blois*, p. 359.)

[5] Bernier, p. 358.

[6] *Grandes Chroniques de France*, édition de M. Paulin Paris, tirage in-folio, p. 712.

rapporte même le discours d'Adèle [1]. Le rédacteur des Grandes Chroniques traduit, en l'amplifiant, ce texte latin, et voici un fragment de la péroraison, retournée en vieux français : « Or maintenant, s'il vous plaist, sire, vengez là vostre honte et celle de vostre pere, pour ce que les Chartrains, les Blesois et les Dunois, par la cui force il souloit guerroyer [2], luy sont du tout faillis et *entalentés* [3] de luy nuire et de le desheriter et d'abattre le chasteau [4]. »

Cette démarche d'une mère éloquente produisit son effet rapide et prépara les avantages obtenus bientôt sur un voisin redoutable.

Après avoir habilement gouverné les États de ses enfants jusqu'à leur majorité, Adèle se fit religieuse bénédictine à Marcigny, en Bourgogne, vers 1122 [5]. L'évêque du Mans, Hildebert, approuva sa résolution de renoncer au monde, et crut devoir la prémunir, en même temps, contre les tentations qu'elle pourrait éprouver d'y rentrer jamais [6]. Des citations multipliées de l'Écriture et des Pères, conformes au goût de l'époque, remplissent cette épître chrétienne. La brebis docile mit en pratique les conseils d'un pasteur des âmes, et devint l'exemple de la communauté édifiée par ses vertus.

Du fond de sa retraite, elle écrivit à son fils Thibault IV et à Geoffroi, évêque de Chartres, à l'occasion d'une dîme que se disputaient encore les chanoines réguliers desservant la chapelle de Saint-Calais (au château de Blois) et les moines de Marmoutier [7]. La princesse cachée sous le voile se qualifie humblement *Marciniacensis monacha,* comme si elle eût oublié toutes ses grandeurs

---

[1] *OEuvres de Suger,* nouvelle édition, publiée par M. Lecoy de la Marche, sous les auspices de la Société de l'Histoire de France, p. 71.

[2] Ces peuples, qui avaient d'abord soutenu le sire du Puiset contre la royauté Capétienne, abandonnaient maintenant un feudataire révolté, pour se rallier au souverain légitime.

[3] Résolus.

[4] Du Puiset.

[5] Petri Venerabilis *De miraculis* lib. I, apud *Bibliothecam Cluniacensem,* p. 1289.

[6] *Opera Hildeberti,* epist. 6 lib. I.

[7] Mabillon, *Annales bénédictines,* t. VI, p. 193.

passées [1]. Elle s'était souvenue, néanmoins, de sa première intervention pour Marmoutier, et réitérait volontiers ses démarches officieuses en faveur de la même abbaye, objet de ses prédilections persévérantes. Ce ne fut donc pas sans motif que plusieurs chartes l'appelèrent *Majoris monasterii amatrix ferventissima;* tant elle avait pris à cœur les intérêts de cette opulente maison [2] ! Entre autres bienfaits, les bénédictins de Tours durent à sa recommandation les vastes domaines que son père, le roi Guillaume, leur donna en Angleterre.

Dans une lettre simple et touchante, Pierre le Vénérable, abbé de Cluny, annonce à cette recluse d'un rang si élevé la fin chrétienne de son frère Henri, roi d'Angleterre, mort auprès de Rouen, le 2 décembre 1135 ; il ajoute au récit de ses derniers moments le détail des suprêmes honneurs que les moines de Cluny avaient rendus au défunt, en mémoire de ses copieuses libéralités. Marcigny, l'une des filles de Cluny, ne pouvait manquer de suivre l'exemple de cette abbaye mère [3]. La tendresse d'une sœur accomplit donc sans peine un pieux devoir.

Peu de temps après, elle acheva saintement sa vie, et fut inhumée à Marcigny. La date de sa mort est incertaine. Un nécrologe de la cathédrale de Reims, cité par M. Varin, la place au quantième du 12 mars [4]; celui de l'abbaye de Pont-Levoy [5], au 8 des ides du même mois, sans indication de l'année. Le continuateur de Guillaume de Jumiéges fait mourir Adèle en 1137 [6]. La lettre ci-dessus de Pierre le Vénérable prouve seulement qu'elle survécut au roi son frère. Le monde ne remarqua point le dénoûment obscur d'une existence reléguée dans l'ombre du cloître.

[1] Pierre le Vénérable la désignait de même : « dominam Adelam, regis Anglici sororem, prius Blesensem comitissam, nunc humilem Christi ancillam. » (*Bibl. Cluniac.* p. 1289.)

[2] Bernier, *Histoire de Blois,* p. 294.

[3] « Quid vos pro eo agere debeatis superfluum est, ut nobis videtur, mandare. » (*Biblioth. Cluniac.* p. 635.)

[4] *Archives de la ville de Reims,* publiées par M. Varin, t. I, p. 290.

[5] Manuscrit de la bibliothèque de Blois.

[6] *Histoire généalogique des grands officiers de la couronne,* par le père Anselme, t. II, p. 472.

Hildebert, qui l'avait louée de son vivant, lui composa une épitaphe en vers latins[1]. Dans cette dernière couronne de distiques, tressée par une main amie, l'épigramme, genre favori du vénérable auteur, mêle ses pointes acérées aux fleurs brillantes de la poésie funèbre. Les préventions ascétiques du moyen âge contre les filles d'Ève percent à travers les formes étudiées d'un éloge restreint : « Quel prodige, s'écrie le malin panégyriste, de voir ainsi une femme se vaincre elle-même, et ne rien garder de la légèreté naturelle à son sexe, puisqu'une femme fidèle (ou de bonne foi) est chose plus rare qu'un corbeau blanc ! »

Cum fidei mulier corvo sit rarior albo.

Ce trait d'humeur ne pouvait pas atteindre un modèle de constance et d'intégrité; le poëte prend soin lui-même de nous en avertir; il excepte notre comtesse d'une réprobation trop générale : c'était justice. Adèle d'Angleterre, supérieure aux faiblesses communes, réunit en sa personne la force d'âme, la souplesse d'intelligence et les vertus énergiques qui font les femmes d'élite, adonnées aux choses de l'esprit, sans négliger les devoirs de la famille, sachant gagner les cœurs et capables, au besoin, de gouverner les peuples.

Des auteurs estimés, quasi contemporains de cette noble figure, et que j'ai à peine le temps de nommer en terminant, glorifient sa mémoire par d'unanimes louanges; tels sont : le naïf versificateur du Roman de Rou[2], les chroniqueurs Orderic Vital[3], Guillaume de Jumiéges[4], et d'autres; leurs suffrages concourent, avec les textes déjà produits, à mettre en lumière le mérite d'une princesse grande dans le monde et, finalement, sanctifiée par les abnégations de la vie religieuse.

[1] *Opera Hildeberti*, col. 1322.
[2] Édition Pluquet, t. II, p. 59.
[3] *Historiens de France*, t. XII, p. 691.
[4] Lib. ultim. *De ducibus Normannorum*, cap. xxxix.

Imprimerie impériale. — 1869.

9 782013 280136